Wer ist ein Deutscher?

Die Fragen der Staatsangehörigkeit

Dargestellt von

Johannes Neuberg
Geheimer Regierungsrat in Berlin-Steglitz

1918
A. Marcus & E. Webers Verlag (Dr. jur. Albert Ahn) in Bonn

Otto Wigand'sche Buchdruckerei G. m. b. H., Leipzig

Wer ist ein Deutscher?

Wer sich mit der Entstehung unseres Bürgerlichen Gesetzbuchs beschäftigt, wird dabei auf den Namen eines bedeutenden, vor Jahren verstorbenen Juristen Planck stoßen. Dieser Planck hat einen großen Teil des Gesetzbuches, so wie es jetzt vor uns liegt, ausgearbeitet. Von Planck gibt es nun, von einem Göttinger Professor herausgegeben, eine recht lesenswerte Lebensbeschreibung und in ihr findet man verzeichnet, daß damals, als Planck das Gesetzbuch vor dem Reichstage zu vertreten gehabt habe, der Reichstag so leer gewesen sei, wie vordem wohl noch nie. Die Abneigung gegen alles, was Recht heißt, habe die Abgeordneten selbst in einer so wichtigen Arbeit von den Bänken ferngehalten. Dieses einzelne Vorkommnis spricht gewissermaßen ganze Bände aus. Indes nicht nur damit, nein auch an manch anderem ließe sich beweisen, wie wenig Interesse in denjenigen Kreisen unseres Volkes, die dem eigentlichen Rechtsleben fernstehen, lebt. Und doch, wie anders könnte und müßte das sein! Denn wir tun gewissermaßen keinen Schritt, ohne vom Recht umgeben, von ihm geleitet zu werden. Das Recht bestimmt die Folgen unserer Handlungen, ja der einzelnen Worte und — doch nun solche mangelnde Lust, sich damit abzugeben, solche Unkenntnis seiner Satzungen? Dies z. B. auch auf einem Gebiete, von dem man es kaum vermuten

1*

dürfte, dem der sog. Staatsangehörigkeit. Schier eine Wette eingehen könnte man auf die Behauptung, daß kaum einer in unserem Vaterland genau und richtig weiß, welche Staatsangehörigkeit er besitzt und warum er gerade sie besitzt und keine andere. Da heißt es: „Ich bin Deutscher, weil ich im Deutschen Reiche, in Berlin, Dresden oder sonstwo geboren bin.“ Ist solcher Satz richtig? Nie und nimmer. Ich kann in Berlin, Dresden oder sonst einem Platze innerhalb des Deutschen Reiches geboren sein und brauche nicht Deutscher zu sein, kann vielmehr Franzose, Engländer, Japaner u. dgl. sein. Zwar es gibt in bestimmten Staaten bestimmte Gesetze, die Bestimmungen enthalten, wie sie hier die landläufige Meinung ausspricht. So wenn z. B. in Brasilien nach der Verfassung von 1891 und einer Nachtragsordnung von 1902 gesagt ist, daß als Brasilianer jede in Brasilien geborene Person, mit Ausnahme der Kinder eines Ausländers, der sich im Dienste seines Staates dort aufhält, zu gelten habe. Man muß aber, das lehrt schon das gewählte Beispiel, recht weit gehen, nach Südamerika, um jenen Rechtssatz zu finden. In Europa gilt er zum mindesten so uneingeschränkt nicht. Zu verweisen wäre etwa auf Bulgarien mit ähnlichen Rechtsbestimmungen, auf Italien, wo Recht ist, daß das in Italien geborene Kind eines Ausländers Italiener ist, aber dies n u r, sofern der Ausländer seit 10 Jahren seinen Wohnsitz in Italien hat. Oder in Frankreich, wo das dort geborene Kind Franzose ist, dies indes n u r, wenn seine Eltern unbekannt oder sittenlos sind. In Großbritannien herrscht als sog. Gewohnheitsrecht, daß Brite jede auf britischem Boden ehelich oder unehelich geborene Person ist. Was ist nun aber bei uns rechtens? Um das festzustellen, müssen wir zunächst § 4 des deutschen R e i c h s- u n d S t a a t s a n g e h ö r i g k e i t s g e s e t z e s v o m 22. J u l i 1913 aufschlagen und werden da finden, daß bei uns nicht, wie der gern mit lateinischen Worten arbeitende Völkerrechtler sagt, das ius soli, das Recht des Erwerbs der Staatsangehörigkeit durch Geburt innerhalb des Staatsgebiets, sondern das ius sanguinis, das Recht solchen Erwerbs durch Abstammung von einem Staatsangehörigen Anerkennung gefunden hat. Ehe aber auf die Gesetzesbestimmung des näheren eingegangen wird, noch ein Wort zu dem Gesetze selbst. Ein Reichs- und Staatsangehörigkeitsgesetz aus dem Jahre 1913? Damals bestand doch das Deutsche Reich schon an die 25 Jahre. Hatte sich denn vorher nicht schon das Bedürfnis ergeben, ein Gesetz des Inhalts zu erlassen, wer des Reiches Angehöriger sein solle, wer nicht? Tatsächlich war das der Fall. Das jetzt gültige Gesetz baut sich nämlich auf dem Gesetze über die Erwerbung und den Verlust der Bundes- und Staatsangehörigkeit vom 1. Juni 1870 auf, also auf einem Gesetze, das rechtens war, bevor es noch überhaupt ein Deutsches Reich gab. Das 1870 ergangene Gesetz war dazu bestimmt, an die Stelle der verschiedenen einzelnen Landesgesetze über den Erwerb und den Verlust der Landesangehörigkeit ein einheitliches Recht zu setzen. Dieses Gesetz schuf freilich, wie der bewährte Ausleger des jetzt gültigen Gesetzes Delius sagt, nicht ein neues Recht, sondern beschränkte sich im wesentlichen auf die Wiedergabe dessen, was der Mehrzahl der Bundesstaaten nach den bisherigen Einzelgesetzgebungen gemeinsam war. Und doch stand man bei dem Gesetze von 1870 vor einer großen Aufgabe. Es war das bis dahin nur lockere völkerrechtliche Verhältnis der Angehörigen der im Norddeutschen Bunde vereinten Staaten in ein festes, staatsrechtliches zu verwandeln. Sodann galt es, dem Ausland gegenüber ein gemeinsames „Indigenat", d. h. ein Staatsangehörigkeitsverhältnis der Angehörigen der im Norddeutschen Bunde vereinten Staaten zu schaffen.

Die Verhältnisse brachten es später mit sich, daß mit Gründung des Reichs und mit dessen Erstarkung gerade die nach außen gerichteten Beziehungen der Reichsangehörigen mehr und mehr in den Vordergrund traten. Es galt deshalb 1913 in einigen Punkten, namentlich in der Bestimmung über den vorzeitigen Verlust der Reichsangehörigkeit, das veraltete 1870er Gesetz umzugestalten. Davon im einzelnen später. Zunächst einmal zur oben angegebenen Gesetzesbestimmung, zum § 4 zurück. Er lautet im ersten Absatz: Durch die Geburt erwirbt das eheliche Kind eines Deutschen die Staatsangehörigkeit des Vaters, das uneheliche Kind einer Deutschen die Staatsangehörigkeit der Mutter. Wesentlich ist also für die Frage, ob ich ein Deutscher bin oder nicht, vor allem die Abstammung, die Geburt. Stamme ich von einem, der zur Zeit meiner Geburt Deutscher ist, ab, dann bin ich deutsch. Dabei sei, um einem Zweifel von vornherein zu begegnen, ausdrücklich hervorgehoben, daß das Kind eines früheren Deutschen nicht deutsch ist. Ist der frühere Deutsche jetzt keinem Staate angehörig, ist er ein sogenannter Staatloser, dann ist auch das Kind staatenlos.

Über den Begriff „Deutscher" spricht sich § 1 des Gesetzes dahin aus: Deutscher ist, wer die Staatsangehörigkeit in einem Bundesstaate oder die unmittelbare Reichsangehörigkeit besitzt. Aus diesen Gesetzesworten wird jeder, der Gesetze zu lesen versteht, auf den ersten Blick das Wesentliche entnehmen — nämlich, daß sich die Reichsangehörigkeit eines Deutschen zunächst auf seiner Staatsangehörigkeit zu einem einzelnen der deutschen Staaten aufbaut. Dadurch, daß ich Anhaltiner, Preuße, Sachse o. dgl. bin, bin ich Deutscher. Nicht umgekehrt bin ich dadurch, daß ich Deutscher bin, auch Angehöriger des und des deutschen Staates, in dem ich im

Deutschen Reiche lebe. Lebe ich in Berlin, bin aber von Staatsangehörigkeit Sachse, dann werde ich durch die Wohnsitznahme in Berlin nicht etwa Preuße. Ein Antrag, einen Gesetzentwurf vorzulegen, durch den statt der Angehörigkeit in einem einzelnen Bundesstaate eine unmittelbare Reichsangehörigkeit für alle Deutschen eingeführt würde, fand im Reichstage keine Zustimmung. Die Angehörigkeit zum Reiche, die sich nicht auf der zu einem einzelnen seiner Staaten aufbaut, ist eine Ausnahme. Es wird noch davon zu reden sein. Zunächst sei bei den bisher erwähnten Gesetzesbestimmungen verblieben. Der § 1 spricht vom Deutschen. Man hat das bei Schaffung des Gesetzes gerügt. Man hat den Ausdruck „Reichsangehöriger" dafür setzen wollen. Man hat nämlich auf die vielen nicht zum Deutschen Reiche gehörigen, ihrem Blute nach Deutschen verwiesen, wie solche in der Schweiz, Österreich, den Vereinigten Staaten von Amerika usw. leben. Auf sie treffe der Ausdruck „Deutscher" auch zu. Man schmälere seine Bedeutung gewissermaßen durch eine beschränkende Aufnahme in das Gesetz. Auch der Slave, der die Reichsangehörigkeit erlangt habe, könne sich Deutscher nennen. Doch hat das Gesetz die Wortfassung gefunden, in der es nun vorliegt. Dabei ist kein Unterschied im Begriff des Deutschen als solchen zu machen — etwa nach dem Gesichtspunkt hin, ob er hoch oder niedrig steht, ob er alt oder jung ist. Der Landesherr in dem einen Bundesstaate, die Prinzessin in dem andern, der Minister in dem dritten steht, was die Frage, ob sie deutsch sind oder nicht, dem schlichtesten Arbeiter, der armen Aufwärterin völlig gleich, der Greis völlig gleich dem Kinde. Es gibt da keinen Unterschied in der Person. Wir wiederholen: Dadurch, daß ich Anhaltiner, Preuße o. dgl. bin, bin ich Deutscher. Wie ist es nun: Kann ich in meiner Person zugleich Anhaltiner und Preuße sein? Kann ich in meiner Person zugleich Preuße, also Deutscher, und auch Franzose sein? Auf diese Frage soll noch eingegangen werden. Zunächst die andere: Kann ich Anhaltiner und Preuße in einer Person sein? Man hatte regierungsseitig die Absicht, bei Schaffung des Gesetzes von 1913 diese sogenannte mehrfache Staatsangehörigkeit, die Staatsangehörigkeit in mehreren Bundesstaaten einzuschränken. Diese Absicht ist aber nur in geringem Umfange Wirklichkeit geworden. Solche Fälle mehrfacher Staatsangehörigkeit kommen nun aber häufig vor. Als Beispiel das eines Universitätsprofessors. Da ist einer in Tübingen ordentlicher Professor der Rechte, dann wird er solcher in Gießen (Ghztm. Hessen), dann in Königsberg. Er ist also — denn wir werden noch sehen, daß die Anstellung als Beamter die Staatsangehörigkeit verleiht — nach und nach Württemberger, Hesse und Preuße geworden, er, der vielleicht von Geburt Sachse war. Dabei braucht man nicht nur an Universitätsprofessoren zu denken, sondern etwa an Postbeamte u. dgl. Für Postbeamte gilt, daß sie nur vom Postrat ab aufwärts kaiserliche Beamte sind. Bis dahin sind sie Landesbeamte. Es ist also falsch, vom Kaiserl. Postdirektor zu reden, wie man das manchmal hört, wiewohl nicht verschwiegen werden soll, daß hier — durch eigentümliche Verträge der Bundesstaaten untereinander — nicht jeder Bundesstaat den in ihn dienstlich versetzten Postbeamten zu seinem eigenen Landeskinde macht, sondern dieser unter Umständen auch durch eine Anstellung auch außerhalb Preußens nur Preuße wird. Indes würde ein Eingehen hierauf zu sehr in Einzelheiten führen. Wie also dem auch sein mag, es sind die durch die Zugehörigkeit zu mehreren Bundesstaaten entstehenden Unzuträglichkeiten nicht so wesentlich, wie etwa die Angehörigkeit zum Deutschen Reiche und gleichzeitig zu Frankreich, wo ich, dadurch, daß ich zwei Herren dienen will oder unter Umständen muß, in die schwersten Pflichtenkollisionen, ja auch in Strafe kommen kann. Immerhin erscheint es, wie die Begründung zu dem Gesetze sagt, mit den Grundbegriffen der Staatsangehörigkeit nicht recht vereinbar, daß ganze Generationen, nämlich ein Angestellter und seine Nachkommen, durch zufällige Ereignisse mehreren Bundesstaaten angehören, ohne die Beziehungen zu ihnen irgendwie aufrechtzuerhalten. Wir können sogar sagen, ohne überhaupt davon zu wissen, daß sie dem oder jenem deutschen Staate noch angehören. Der Sohn des in Berlin lebenden Reichsbeamten, der aus sächsischem Staatsdienste in den Reichsdienst berufen worden ist, wird, zumal wenn er im jugendlichsten Alter mit seinem Vater nach Berlin gekommen ist, meinen, er sei Preuße. Er wird niemals eine Ahnung davon haben, daß die sächsische Staatsangehörigkeit ständig mit ihm geht. Man soll dies aber nicht für unwesentlich halten. Es entstehen Schwierigkeiten, namentlich auf dem Gebiete des Familienrechts, also auf einem Gebiete, wo klare Rechtsverhältnisse herrschen müssen. Handelt es sich — um ein Beispiel herauszugreifen — um die Befreiung von Altersvorschriften bei der Annahme an Kindesstatt, so ist richtiger Ansicht nach, die mehrere Bundesstaaten vertreten, die Mitwirkung aller Staaten, denen der Beteiligte angehört, vonnöten. Nur zu natürlich ist, daß dadurch erhebliche Verzögerungen entstehen. Es genügt also die Mitwirkung nur eines Staates nicht. Hat nun der Betreffende nichts davon gewußt, daß er mehreren deutschen Bundesstaaten angehört, so kann später sehr wohl die Gültigkeit der Annahme an Kindesstatt in Frage gezogen werden. Die Tatsache, daß die Justizverwaltung des einzelnen Bundesstaats zu prüfen hat, ob der sie Angehende die betreffende Staatsangehörgkeit besitzt, befreit ihn keineswegs von der Verpflichtung, sich selbst zu vergewissern, ob er nicht noch andere Staatsangehörigkeiten besitzt. Auch können die Behörden, so die Gerichte, wenn sie Grund zur Annahme des Vorliegens mehrerer Staatsangehörigkeiten haben, die Beibringung der Genehmigung der übrigen Bundesstaaten verlangen. Selbst eine Vereinbarung unter den Bundesstaaten, es solle die Genehmigung eines einzelnen Bundesstaats genügen, würde die Gerichte nicht binden. Die mehrfache Staatsangehörigkeit ist aber auch auf sonstigen Rechtsgebieten wesentlich. Soll ich als Geisteskranker in eine bestimmte Landesanstalt aufgenommen werden, so kann das vom Erfordernis der Zugehörigkeit zu dem Staate, der die Anstalt unterhält, abhängig gemacht werden. Ebenso wenn ich zugunsten meiner Angehörigen einer Landrentenanstalt beitreten will usw. Bei Beratung des Gesetzes verwies Abg. Spahn, um noch eins hervorzuheben, auf die im Königreich Sachsen bestehende Bevorzugung der Sachsen bei Aufnahme in wissenschaftlichen Anstalten und bei Gewährung von Schulgelderlaß.

Ich werde ferner, um auf das Strafrecht zu kommen, wenn ich mich einer Beleidigung des Königs von Preußen schuldig mache, strenger bestraft, wenn ich Preuße bin, als wenn ich das als Sachse tue. Grund genug, daß man zum mindesten über seine Staatsangehörigkeit nachdenkt. Wenn man demgegenüber genau so wenig wie 1870 auch 1913 die Anhäufung mehrerer Staatsangehörigkeiten in einer Person nicht als Übel angesehen hat, so geschah das in guter Absicht und im Bewußtsein, daß durch solche Häufung eine durchaus im Sinne des Reichsgedankens wirkende Einrichtung in das Gesetz hineingetragen werde. Man hat gesagt: Nichts kann der Idee, daß wir in erster Linie nur Deutsche sein sollen, so sehr dienen als die Tatsache, daß man es nicht als Widerspruch ansieht, wenn man zugleich Württemberger, Preuße und Hamburger ist.

Wie wird nun die Staatsangehörigkeit erforderlichenfalls nachgewiesen? Da gibt es zwei Belegmittel. Das eine ist der sog. Heimatsschein, das andere der Staatsangehörigkeitsausweis. Bei der im Deutschen Reiche auf dem Gebiete der Verwaltung herrschenden Verschiedenartigkeit der Behörden ist es nur zu natürlich, daß in dem einen Staate diese, im andern jene zur Ausstellung solcher Scheine berufen ist. Sie weichen natürlich auch in der Fassung etwas voneinander ab. Gesagt sei, daß der sog. Staatsangehörigkeitsausweis ausschließlich zur Benutzung innerhalb des Deutschen Reiches dient, der Heimatsschein dagegen zu solcher draußen im Auslande, daß dieser letztere — wenigstens nach dem preußischen Formular — nur auf bestimmte Zeit ausgestellt wird und die Unterschrift des Inhabers tragen muß. Sie muß vor Gebrauch des Scheines bei einer ausländischen Behörde auf diesem angebracht sein.

Es gibt bekanntlich nicht nur sog. physische, d. s. leibliche Personen, nein auch sog. juristische, d. s. gedachte Personen. Man denke an Aktiengesellschaften u. dgl. Solche können auch die Angehörigkeit zum Reiche oder zu einem bestimmten Bundesstaate besitzen. Man hat aber von Bestimmungen hierüber Abstand genommen, wenn auch gerade der gegenwärtige Krieg mehr denn je die Notwendigkeit erbracht hat, sich in der gedachten Beziehung auszusprechen. Heutzutage war manches zu verfügen, was für den einzelnen in seinen Beziehungen zum Auslande auszusprechen war, man denke an die Beschlagnahme des Vermögens. Bei Bestimmungen solcher Art entstand stets ein gewisser Zweifel darüber, inwieweit Personenvereinigungen dem einzelnen gleichzustellen seien. Im Einzelfall ist das nun angegeben, ebenso könnte aber ein für allemal gesagt werden, daß als zum Reich gehörig alle die juristischen Personen zu gelten hätten, die ihren Sitz im Inland haben, sowie alle die, die solchen zwar im Auslande haben, die Rechtsfähigkeit aber durch Verleihung von seiten des Bundesrats erlangt haben — ferner, mag es sich dann auch nicht um eine sog. juristische Person handeln, alle Gesellschaften oder Vereine, die ausschließlich oder doch überwiegend aus Deutschen bestehen. Solchen wäre demnach der Schutz des Reiches zu gewähren; denn das ist — um von den Wirkungen der Zugehörigkeit zu Reich oder Bundesstaat zu reden — eins der wesentlichsten Rechte, die der Deutsche im Auslande hat: Schutz, insbesondere durch die im Auslande bestehenden diplomatischen und konsularischen deutschen Vertreter, sowie Schutz dem Auslande gegenüber durch die vom Reiche oder den Einzelstaaten mit dem Auslande abgeschlossenen Verträge, mögen das sog. Freundschafts-, Handels-, Schiffahrts-, Konsular- und andere internationale Verträge, so auf dem Gebiete des Urheberrechts u. dgl. sein. Ein Schutz des Reiches ist indes nicht nur im Auslande, nein auch im Inlande begründet. So rechtfertigt die Reichsverfassung ein Einschreiten des Bundesrats wegen Justizverweigerung. Wir sahen oben, daß es Deutsche geben kann, die außer einer deutschen Staatsangehörigkeit auch die des Auslands besitzen. Ja in Staaten mit dem am Anfang des Buches angegebenen südamerikanischen Grundsatz wird solche doppelte Staatsangehörigkeit fast die Regel sein. Sind solche mehrstaatliche Personen zu schützen, dann gilt, daß auch sie von dem im Auslande residierenden deutschen Konsuln in Schutz genommen werden, dies nicht nur dann, wenn sie mit den Behörden ihres Wohnorts in Konflikte kommen, oder wenn von ihnen die Erfüllung der staatsbürgerlichen Pflichten, z. B. Ableistung der Militärpflicht, verlangt wird, die Einheimischen auferlegt wird.

Ein anderes Recht des Deutschen ist, daß er nicht ausgewiesen werden darf, wenigstens nicht aus dem Reichsgebiete, zu dem, nebenbei gesagt, auch das Gebiet der Schutzgebiete (nach ausdrücklicher Gesetzesbestimmung) gehört. Der Nichtdeutsche dagegen kann ausgewiesen werden. Nichtdeutscher ist auch der, der niemals deutsch war. Als Nichtdeutsche könnte die frühere sächsische Prinzessin, die später durch Verehelichung mit dem Italiener Toselli Italienerin geworden ist, aus dem Gebiete des Deutschen Reiches, vornehmlich dem Königreich Sachsen, sehr wohl ausgewiesen werden. Auch kann der Deutsche selbst aus dem Gebiete des einzelnen Bundesstaats oder aus der einzelnen Gemeinde aber nur aus sicherheits- oder armenpolizeilichen Gründen ausgewiesen werden. Wird ein Deutscher aus einem Auslandsstaate ausgewiesen, so ist sein Heimatsstaat verpflichtet, ihn wieder aufzunehmen. Selbst die Wiederaufnahme solcher Deutscher, die ihre deutsche Staatsangehörigkeit nach der deutschen Gesetzgebung bereits verloren haben, ist nach einigen Staatsverträgen Pflicht der deutschen Bundesstaaten, sofern nicht diese Personen etwa dem andern Lande nach dessen Gesetzgebung, oder einem dritten Lande angehörig geworden sind. Es kommen für solche Staatsverträge die verschiedensten Staaten in Frage: Österreich-Ungarn, Belgien, Dänemark, Italien u. dgl. Abgesehen von diesen Sonderfällen ist aber festzustellen: Wer die Staatsangehörigkeit in einem Bundesstaate oder die unmittelbare Reichsangehörigkeit nicht mehr besitzt, hat aufgehört Deutscher zu sein. Er ist Ausländer und kann als solcher, wenn er sich innerhalb des Reichsgebiets aufhält, ausdrücklich aus diesem oder aus dem Gebiete eines einzelnen Bundesstaats ausgewiesen werden. Zu seiner Übernahme ist der Auslandsstaat nur dann verpflichtet, wenn er dort die

Staatsangehörigkeit erworben hat. Nur in diesem Falle läßt sich also solche Ausweisung im Wege des Zwangstransports zur Ausführung bringen.

Nach einer Bestimmung unseres Strafgesetzbuchs darf ein Deutscher einer ausländischen Regierung auch nicht zur Verfolgung oder Bestrafung ausgeliefert werden. Dabei kommt es darauf an, ob der Betreffende auch die Staatsangehörigkeit des seine Auslieferung wünschenden Staates besitzt oder nicht, gar nicht an. Es genügt, daß er Deutscher ist. Ist er das, dann, wie gesagt, keine Auslieferung. Wie aber ist es, wenn der Betreffende erst nach Verübung der zur Auslieferung Anlaß gebenden Straftat Deutscher geworden ist? Ist er auch dann vor der Auslieferung geschützt? Die Frage ist ebenso zu bejahen wie in all den Fällen, wo der Wechsel der Nationalität nicht auf dem freien Willen des Betreffenden, sondern etwa auf der Tatsache der Abtretung eines Teiles des Staatsgebietes beruht.

Weitere Folgen der Staatsangehörigkeit sind, daß nur ein Deutscher innerhalb des Deutschen Reiches regelmäßig Beamter sein darf, ebenso Offizier, als Geschworener oder Schöffe wirken kann. Zum Eintritt in das Landheer bedürfen Ausländer der Zustimmung des betreffenden Kontigentsherren, zu dem in der Marine der des Kaisers. Vom Militärdienste im Deutschen Reiche sind Ausländer befreit. Für die sogenannten Staatenlosen, d. s. die, die überhaupt keinem Staatenverbande angehören, gilt Besonderes. Noch sei aber im Anschluß hieran bemerkt, daß jeder Bezug einer Pension eines Beamten (Offiziers) beim Verlust der Staatsangehörigkeit ruht.

Den Schutz, den das Reich gewährt, und zwar auch auf Freizügigkeit (davon noch unten), faßt man unter dem Ausdruck Reichsbürgerrecht zusammen. Es ist eine der Äußerungsformen der Reichsangehörigkeit. Die andern beiden sind das sog. Reichsindigenat und die Reichsuntertanschaft. Die Reichsuntertanschaft umfaßt die Gehorsamspflicht gegenüber dem Reiche. Jeder Reichsangehörige ist gehalten, die Gesetze und Befehle des Reiches zu befolgen. Er muß dem Reiche als Bürger dienen und die Militär- und Steuerlasten mittragen (Wehrpflicht, Einquartierungspflicht u. dgl.). Was das Reichsindigenat anlangt, so besteht ein solches nach der Reichsverfassung mit der Wirkung, daß der Angehörige jedes Einzelstaats in jedem andern Einzelstaate als Inländer zu behandeln und demgemäß zum festen Wohnsitz, zum Gewerbebetrieb, zu öffentlichen Ämtern, zur Erwerbung von Grundstücken, zur Erlangung des Staatsbürgerrechts und zum Genuß aller sonstigen bürgerlichen Rechte unter denselben Voraussetzungen wie der Einheimische zuzulassen, auch in betreff der Rechtsverfolgung und des Rechtsschutzes einem solchen gleich zu behandeln ist.

Kein Deutscher darf in der Ausübung dieser Befugnis durch die Obrigkeit seiner Heimat oder durch die Obrigkeit eines andern Einzelstaats beschränkt werden.

Die Bestimmungen, die die Armenversorgung und die Aufnahme in den lokalen Gemeindeverband betreffen, sowie die zwischen den Einzelstaaten bestehenden Verträge über die Übernahme von Auszuweisenden, die Verpflegung erkrankter, die Beerdigung verstorbener Staatsangehöriger bleiben in Kraft.

Der Militärpflicht kann in einem andern Staate als dem, dem man angehört, genügt werden.

Doch nun zunächst zum Ausgang zurück. Auf die Geburt kommt es also bei der Staatsangehörigkeit an. Neben der Geburt gibt es noch andere, im folgenden zu besprechende Erwerbsgründe. Der Geburt kommt aber der Vorrang zu. Es sei nicht verschwiegen, daß der von der Regierung vorgelegte Gesetzentwurf ausdrücklich die Worte enthielt: „durch die Geburt, auch wenn sie im Auslande erfolgt..." Bei der Kommissionsberatung beantragte man Streichung dieser Worte. Regierungsseitig wurde zugegeben, daß solche Streichung keine sachliche Änderung bedeute. Auch wenn sie nicht im Gesetze stünden, wäre kein Zweifel darüber möglich, daß der Erwerb der Staatsangehörigkeit durch Geburt unabhängig davon eintritt, ob die Geburt im In- oder Ausland erfolgt ist. Die Beibehaltung der Worte im Gesetze sei nur deshalb angezeigt, weil es erwünscht, gerade diesen obersten Grundsatz des Erwerbes der Staatsangehörigkeit durch Abstammung ohne Rücksicht auf den Ort der Geburt auch für den Laien zweifelsfrei zum Ausdruck zu bringen. Ob also die Geburt im Auslande oder Inlande erfolgt, bleibt außer Betracht. Wird sonach einem deutschen Vater ein Sohn in Berlin geboren, so ist letzterer Deutscher. Ebenso aber auch, wenn die Geburt in Wien, Konstantinopel, Sofia oder sonstwo auf dem Erdenrund erfolgt. Gleichgültig auch, ob im Feindeslande oder nicht. Der in Südafrika Internierte, dem ein Sohn während der Gefangenschaft geboren wird, kann in letzterem einen jungen Deutschen begrüßen. Unser Recht scheidet die Begriffe W o h n s i t z und A u f e n t h a l t. Ich kann mich an einem Platze aufhalten, ohne dort meinen Wohnsitz, d. h. den gewollten, dauernden Mittelpunkt meines Lebens zu haben. Dabei schafft ein selbst längeres Verbleiben an einem vom Wohnsitz abweichenden Aufenthaltsort noch keinen Wohnsitz. Für die Frage nach der Staatsangehörigkeit ist nun solche im Gesetze bestehende Scheidung zwischen Wohnsitz und Aufenthaltsort ohne Bedeutung. Wird einem deutschen Ehepaare während seines Aufenthalts an einem bestimmten Platze ein Kind geboren, so ist es und bleibt es ein deutsches, mag die Geburt in

Wien erfolgen, die Eltern aber ihren eigentlichen Wohnsitz in Berlin haben, oder umgekehrt die Geburt in Berlin statthaben, der Wohnsitz aber in Wien sein. Es heißt nun im Gesetz: Durch die Geburt erwirbt das eheliche Kind eines Deutschen die Staatsangehörigkeit des Vaters, das uneheliche Kind einer Deutschen die der Mutter. Ehelich ist ein vom Ehemann erzeugtes, in der Ehe geborenes Kind. Kraft besonderer Gesetzesbestimmung ist ehelich auch das Kind, das nach Eingehung der Ehe geboren ist, wenn nur die Frau es vor oder während der Ehe empfangen und der Mann ihr innerhalb der Empfängniszeit (dem 181. bis 302. Tage vor dem Tage der Geburt des Kindes) beigewohnt hat, es sei denn, daß es offenbar den Umständen nach ganz ausgeschlossen ist, daß die Frau das Kind vom Ehemann empfangen hat. Schon das alte römische Recht, auf dem sich ja unser Recht so vielfach aufbaut, drückte jenen Grundsatz in den Worten aus: Pater est, quem nuptiae demonstrant — Vater ist, auf wen die Ehe hindeutet. Es kann nun hier die Frage entstehen, ob, wenn die Geburt eines Kindes im Auslande erfolgt ist, die Ehelichkeit des Kindes nach den Gesetzen des betreffenden Auslandsstaates oder nach deutschem Gesetze zu bestimmen ist. Da gilt nach der deutschen Rechtsregel als zweifellos feststehend: Die eheliche Abstammung eines Kindes wird nach den deutschen Gesetzen beurteilt, wenn der Ehemann der Mutter zur Zeit der Geburt des Kindes Deutscher ist, oder, falls er vor der Geburt des Kindes schon gestorben ist, zuletzt Deutscher war. Voraussetzung ist natürlich die Gültigkeit der Ehe vor dem Gesetze. Was die Mutter für Staatsangehörigkeit gehabt hat, ist gleichgültig. Ebenso gleichgültig ist, ob der Vater zu der Zeit, da das Kind erzeugt ward, schon Deutscher war oder nicht. Maßgeblich ist lediglich die Zeit der Geburt. Was die vor dem 1. Januar 1900, dem Tage des Inkrafttretens des Bürgerlichen Gesetzbuchs geborenen Kinder anlangt, so bestimmt sich deren Ehelichkeit nach den damals gültigen Gesetzen. Nach diesen früheren Gesetzen bestimmt sich auch, inwieweit die Kinder aus einer vor dem 1. Januar 1900 geschlossenen nichtigen oder ungültigen Ehe als eheliche anzusehen sind. Was ist eine nichtige Ehe? Nichtig ist eine Ehe dann, wenn die zur Eheschließung vorgeschriebene Form nicht gewahrt ist. Nichtig ist ferner eine Ehe, wenn einer der Ehegatten zur Zeit der Eheschließung geschäftsunkundig war oder sich im Zustand der Bewußtlosigkeit oder vorübergehenden Störung der Geistestätigkeit befand. Gibt es im ersteren Falle eine sog. Heilung der Nichtigkeit dadurch, daß die Ehegatten 10 Jahre oder bis zum Tode des einen zusammengelebt haben, so im zweiten Falle dadurch, daß der Ehegatte die Ehe nach dem Wegfall der Geschäftsunfähigkeit, der Bewußtlosigkeit oder der Störung der Geistestätigkeit bestätigt. Nichtig ist eine Ehe auch, wenn einer der Ehegatten zur Zeit der Eheschließung mit einem Dritten in gültiger Ehe lebte, wenn die Ehe zwischen bestimmten nahen Verwandten oder Verschwägerten abgeschlossen ist, endlich wenn die Ehe wegen Ehebruchs, wie das das Bürgerliche Gesetzbuch des näheren ausführt, verboten war.

Ein Kind aus solcher nichtigen Ehe, das bei Gültigkeit der Ehe ehelich wäre, gilt nun als ehelich, falls nicht beide Ehegatten die Nichtigkeit der Ehe bei der Eheschließung gekannt haben.

Was das uneheliche Kind anlangt, so hat das nach dem bürgerlichen Rechte im Verhältnis zur Mutter und zu sämtlichen Verwandten der Mutter die rechtliche Stellung eines ehelichen Kindes. Mit dem Vater ist es dagegen nicht verwandt. Es erhält auch den Familiennamen der Mutter, nicht den Namen des

Vaters. Dieser im Bürgerlichen Gesetzbuch zum Ausdruck gebrachte Grundsatz macht sich nun auch im Staatsangehörigkeitsgesetz geltend. Staatsangehörigkeit also wie sie die Mutter hat. Ist sie Preußin, dann auch ihr außereheliches Kind, mag auch der Erzeuger Sachse, Hesse, Franzose o. dgl. sein. Es gibt nun aber Auslandsstaaten, so Belgien, Italien, die Niederlande usw., die die Gesetzesbestimmung haben, daß uneheliche Kinder, die weder vom Vater noch von der Mutter rechtmäßig anerkannt sind, als Kinder unbekannter Eltern und als Staatsangehörige des Landes betrachtet werden, in dem sie geboren sind. Es ist deshalb mehr als billig, wenn ein Erlaß des preußischen Ministers des Innern aus dem Jahre 1903 bzw. 1906 darauf dringt, daß Mütter, die den bezeichneten ausländischen Gesetzen unterstehen und hier im Deutschen Reich ein uneheliches Kind bekommen, dieses gerichtlich oder notariell anerkennen. Auf diese Weise wird vermieden, daß solche unehelichen Kinder Deutsche werden. Auch hier sei, wie oben beim ehelichen Kinde, einschränkend bemerkt, daß ein Kind eines früheren Deutschen die deutsche Staatsangehörigkeit nicht besitzt.

Was die Findelkinder anlangt, d. h. Kinder, die in dem Gebiete eines Bundesstaates aufgefunden werden, so gelten diese bis zum Beweise des Gegenteils als Kind eines Angehörigen dieses Bundesstaats. Dabei ist das Wort „gelten" gewählt, damit unzweideutig zum Ausdruck kommt, daß diese Vermutung jederzeit durch den Nachweis einer fremden Staatsangehörigkeit widerlegt werden kann. Es ist das eine Bestimmung, die neu in das Gesetz gekommen ist. Das 1870er Gesetz hatte keine Bestimmung über Findelkinder. Es können auf diese Weise auch farbige Kinder Deutsche werden, wie ja überhaupt die deutsche Staatsangehörigkeit nicht an die Voraussetzung der Zugehörigkeit zur weißen Hautfarbe geknüpft ist. Eine Ausnahme gilt für die sog. unmittelbare Reichsangehörigkeit, d. i. die Reichsangehörigkeit, die sich dem Regelfall zuwider nicht auf der Staatsangehörigkeit zu einem einzelnen Bundesstaate aufbaut. Sie ist z. B. in Schutzgebieten in Geltung, für diese aber besagt eine Sonderbestimmung des Gesetzes ausdrücklich, daß die Satzung des Gesetzes über Findelkinder nicht zur Anwendung kommen soll. Es werden also in den Schutzgebieten aufgefundene Kinder nicht Deutsche — selbst wenn sie weißer Rasse sind und aller Wahrscheinlichkeit nach von reichsangehörigen Eltern abstammen.

Wenn man von einem Bundesstaate und seinem Gebiete spricht, so darf man diesen Begriff nicht zu eng fassen. Zum Gebiet von Mecklenburg-Schwerin gehört z. B. nicht nur die Mecklenburger Erdscholle, nein auch die Küstenwasser vor seiner Küste, und weiter auch der Boden der in Mecklenburg-Schwerin beheimateten Schiffe. Es sei das ausdrücklich angeführt, weil auch auf solchem Boden einmal ein Findelkind gefunden werden kann. Wie es freilich in dem Falle ist, daß der Fund auf einem deutschen Kriegsschiffe erfolgt oder auf einem sog. deutschen Staatsschiff (einem Zollkutter, einem Lotsenschiff), das steht dahin. Solche Schiffe sind nämlich keines einzelnen Bundesstaats Gebiet, vielmehr Reichsgebiet. Es fehlt aber in der angeführten Gesetzesstelle an der Satzung für solchen Fall.

Die Geburt ist nun aber nicht der einzige Erwerbsgrund der Staatsangehörigkeit, nein es kommen noch andere hinzu. Nicht in Betracht kommt für die Regelung durch das vorliegende Gesetz die auf sog. Optionsverträgen mit ausländischen Staaten beruhende Erwerbung der Staatsangehörigkeit. Solche Optionsbestimmungen werden regelmäßig bei Gebietsabtretungen getroffen. Die Angehörigen des abgetrennten Staatsteiles verlieren dadurch regelmäßig die Zugehörigkeit zum alten Staate, werden Angehörige des erwerbenden Staates. Es kann diese Regelung aber zu Härten führen, sie sollen deshalb für sich auch Ehefrau und unter elterlicher Gewalt stehende minderjährige Kinder binnen bestimmter Frist optieren können, d. h. für Beibehaltung der bisherigen Staatsangehörigkeit sich aussprechen dürfen — dies regelmäßig unter Beibehaltung der Grundstücke, die sie im abgetretenen Gebiete zu Eigentum besitzen u. dgl. So war das bei Abtretung von Elsaß-Lothringen und Schleswig-Holstein — ohne Bestimmung über Grundstücksverhältnisse auch bei Helgolands Erwerb. Den seltenen Fall einer Option ohne Gebietsabtretung enthält ein Vertrag des Deutschen Reichs mit der Republik Costa Rica.

Nach solcher Abschweifung ist verneinend hervorzuheben, daß die Annahme an Kindesstatt der Geburt nicht gleichsteht, wohl aber die Legitimation, die, falls von einem Deutschen ausgehend, für das zu legitimierende Kind die Staatsangehörigkeit des Vaters begründet. Wir kennen nach dem Bürgerlichen Gesetzbuche eine Legitimation durch nachfolgende Ehe und eine solche durch Ehelichkeitserklärung. Indes ist die Legitimation ein immerhin seltener Vorgang und es kann deshalb von diesem Erwerbsgrund im Rahmen dieser Abhandlung geschwiegen werden. Viel wichtiger ist die Bestimmung, daß die Staatsangehörigkeit, und zwar die des Mannes, auch erworben wird durch die Eheschließung mit einem Deutschen. Man hat solcher Gesetzesauffassung gegenüber geltend gemacht, sie stehe im Gegensatz zum Grundgedanken des Gesetzes, daß jemand nur freiwillig die Staatsangehörigkeit erwerben könne. Es sei eine Ungerechtigkeit gegenüber der Frau, die dadurch gewissermaßen nur ein „Anhängsel des Mannes" werde. Wie eine Frau durch die Verehelichung ihre Religion nicht verliere, so solle das doch auch mit der Staatsangehörigkeit sein. Es sei, so hat man in den Beratungen der Kommission hervorgehoben, höchste Zeit, daß man die Frau auch in bezug auf die Wahl ihrer Staatsangehörigkeit selbständig stelle und nicht einfach unmündig lasse. Zunächst wisse eine Frau, wenn sie in die Ehe trete, oft gar nicht, welchem Staate ihr zukünftiger Mann angehöre und werde dann Angehörige einer neuen staatlichen Ordnung ohne jede Ahnung von den Folgen. Aber auch wenn sie einen Ausländer mit vollem Bewußtsein der staatsrechtlichen Folgen eheliche, müsse man ihr erst recht die Möglichkeit geben, sich Vorteile zu erhalten, die aus ihrer bisherigen Staatsangehörigkeit entsprungen und die nicht bloß politisch, nein auch kulturell und vermögensrechtlich sehr weitgehend wären. Das Fehlen dieser Möglichkeit bewirke z. B. in dem Falle, daß der ausländische Ehegatte einer deutschen Frau in Deutschland erwerbsunfähig und unterstützungsbedürftig werde, daß Frau und Kind mit ihm ausgewiesen würden, während in vielen solcher Fälle die Frau später durch lohnende Erwerbstätigkeit, z. B. in freien Berufen, für die sie im Auslande keine Gelegenheit hat, die ganze Familie über Wasser halten könne. Ferner würden sich für deutsche Frauen mit Kindern aus einer früheren Ehe, die Deutsche blieben, während die Frau bei Eingehung einer Ehe mit einem Ausländer Ausländerin würde, die merkwürdigsten, für den Zusammenhalt der Familie nachteiligsten Folgen ergeben. Die verschiedenen Eingaben der Frauenorganisationen griffen sonach die Bestimmung an und forderten für die Frau das Recht selbständiger Entschließung. Insbesondere hob der Preußische Landesverein für Frauenstimmrecht hervor, daß es eine Anzahl treuer Staatsbürgerinnen geben dürfte, denen die Zugehörigkeit zu ihrem Staate von unendlichem

Werte innerlicher Art ist. Solche Stimmen, so wurde geltend gemacht, sollten von der Regierung und den nationalen Parteien nicht ungehört verhallen. Man dürfe nicht die Befürchtung, männliche Geschlechtsvorrechte aufgeben zu müssen, stärker sein lassen als das nationale Empfinden. Bei der Steuerpflicht versteuere man das Vermögen der Frau auch ohne Rücksicht auf die Staatsangehörigkeit. Jedenfalls sprächen alle wirtschaftlichen und sozialen Tatsachen, die leichtere Beweglichkeit und die größere Erwerbsfähigkeit durch die Frau dafür, daß man sie endlich frei in der Wahl auch ihrer Staatsangehörigkeit stelle. Indes entspricht die Fassung des Gesetzes dem Grundsatze der gesamten Kulturwelt, daß Ehefrauen und Kinder dieselbe Staatsangehörigkeit besitzen sollen wie das Familienoberhaupt. Wie man mit Recht gesagt hat, würde der Fall, daß die Staatsangehörigkeit beider Ehegatten von vornherein eine verschiedene sei, eine klaffende Lücke im Zivilrecht bedeuten. Erforderlich ist eine nach deutschem Rechte gültige Ehe. Die Ehe wird dadurch geschlossen, daß die Verlobten vor einem Standesbeamten persönlich und bei gleichzeitiger Anwesenheit (also nicht etwa mittels Fernsprechers) erklären, daß sie die Ehe miteinander eingehen wollen. Der Standesbeamte muß zur Entgegennahme der Erklärung bereit sein. Ein Standesbeamter verliert seine Amtsbefugnisse, sobald er seinen Amtsbezirk verläßt. Es würde also eine Eheschließung vor einem in Westpreußen angestellten, in Wiesbaden aber zwecks Kurgebrauchs weilenden Standesbeamten hier in Wiesbaden nichtig sein. Wie ist es nun mit der Eheschließung im Auslande? Da gilt, während die im Inlande geschlossene Ehe unbedingt der inländischen Form unterworfen ist, daß für die im Ausland erfolgte Eheschließung das inländische oder das am Orte des Eheabschlusses geltende Recht maßgebend ist. Schließt also ein Preuße in der Schweiz mit einer Schweizerin die Ehe, so wird die Schweizerin Preußin, selbst wenn bei der Eheschließung nicht die vom Bürgerlichen Gesetzbuch für die Vollziehung der Ehe aufgestellten Formen gewahrt sind, sondern die Förmlichkeiten des Schweizerischen Eherechts leitend gewesen sind. Es war oben mehrfach die Rede davon, daß jemand mehrere Staatsangehörigkeiten in sich vereinen kann. Ist das der Fall, dann überträgt er durch die Eheschließung diese mehreren Staatsangehörigkeiten auf seine Ehefrau. Wie Abgeordneter Waldstein bei Beratung des Gesetzes im Reichstag gesagt hat, gibt es in Hamburg zahlreiche Leute, die aus alten hamburgischen Familien stammen, deren Vater oder Großvater einmal das Glück gehabt hat, dadurch, daß er in Mecklenburg ein Gut besaß, oder daß er einige Jahre in preußischen Staatsdiensten gestanden hat, dann aber in die Heimatsstadt Hamburg zurückgekehrt ist, die mecklenburgische oder preußische Staatsangehörigkeit zu erwerben. Die Kinder und Enkel wissen nichts davon, Vater und Großvater haben es selbst schon vergessen. Wenn aber jetzt der Enkel heiratet, dann wird seine Ehefrau nicht nur Hamburgerin, nein auch Preußin bzw. Mecklenburgerin (Schwerin oder Strelitz). Weiter erwähnte der Abgeordnete die Angestellten an den gemeinsamen thüringischen Landgerichten, die Preuße, Koburger, Meininger in einer Person sein können und solche Vielgestaltigkeit auch auf die Familie übertragen. Nun ist aber das, was bei dem eheschließenden Manne der Fall ist, bei der Ehefrau nicht ohne weiteres auch der Fall. Angenommen die Witwe des eben behandelten Preußen-Koburg-Meiningers heiratet einen Sachsen; dann wird sie durch diese zweite Heirat nur Sächsin. Hat sie Kinder aus ihrer früheren Ehe mit dem Preußen-Koburg-Meininger, so überträgt sie ihre neue, sächsische Staatsangehörigkeit, die sie durch die zweite Ehe erwarb, nicht etwa auf diese Kinder aus der ersten Ehe. Auch etwaige uneheliche Kinder würden die durch die Eheschließung begründete Staatsangehörigkeit nicht erhalten. Es käme dann also zu dem im Gesetz eigentlich nicht gewollten Ergebnis, daß uneheliche Mutter und uneheliche Kinder verschiedene Staatsangehörigkeit besitzen. Natürlich kann sich solches Verhältnis durch eine Legitimation, von der oben die Rede war, ändern. Durch die Scheidung der Ehe wird die durch die Eheschließung der Frau erworbene Staatsangehörigkeit nicht verloren. Dagegen geht sie verloren, wenn die Ehe für nichtig erklärt wird. Es verbleibt aber die einmal erworbene Staatsangehörigkeit der Frau auch nach dem Tode des Mannes, oder nach seiner dem bürgerlichen Recht entsprechenden Todeserklärung, die ja dem Tode gleichzustellen ist. Noch sei bemerkt, daß die vorliegende Gesetzesbestimmung bei der Kommissionsberatung auch aus dem Gesichtspunkte angefochten wurde, daß der Erwerb der deutschen Staatsangehörigkeit für Ausländerinnen u. a. den Verlust mancher Rechte bedeute. Wolle man nicht Konkubinate züchten, so müßte der Ausländerin also die alte, ausländische Staatsangehörigkeit verbleiben. Mit Rücksicht aber auf mögliche Rechtsverwirrungen unterließ man eine andere Fassung des Gesetzes. Dabei war auch die Erwägung maßgebend, daß in einem deutschen Gesetze nur über die deutsche, nicht die ausländische Staatsangehörigkeit verfügt werden könne.

Im vorstehenden war die Rede vom Erwerbe der Staatsangehörigkeit gewissermaßen wider Willen. Wenn ich als Deutscher geboren werde und dadurch Deutscher — Preuße, Bayer u. dgl. — geworden bin, so habe ich selbst nichts dazu getan. Anders bei der Erwerbung durch Aufnahme und Einbürgerung. Letztere ist für den Ausländer, erstere für den Deutschen geschaffen, sei es, daß er bisher die Staatsangehörigkeit in einem

Bundesstaat schon besaß, sei es, daß er nur die sog. unmittelbare Staatsangehörigkeit besitzt, nur Deutscher ist. Gerade aus dem letzteren Gesichtspunkt hat man in dem in Frage kommenden Paragraphen des Gesetzes (§ 7) das Wort „Deutscher" gewählt, nicht den Ausdruck: „Angehöriger eines Bundesstaats", wie das der erste Entwurf des Gesetzes wollte — eben um dem unmittelbaren Reichsangehörigen das Recht auf Aufnahme in einem Bundesstaate zu gewährleisten. Nach dieser Abschweifung nun zu des Gesetzes Worten. Es heißt: Die Aufnahme muß einem Deutschen in jedem Bundesstaat, in dessen Gebiet er sich niedergelassen hat, auf seinen Antrag erteilt werden, falls kein Grund vorliegt, der nach den §§ 3 bis 5 des Gesetzes über die Freizügigkeit vom 1. November 1867 die Abweisung eines Neuanziehenden oder die Versagung der Fortsetzung des Aufenthalts rechtfertigt. Es sind also die verschiedensten Voraussetzungen zu erfüllen, ehe ich z. B. als Sachse Preuße werden kann. Zunächst bedarf es eines Antrags. Es gibt Fälle der Aufnahme, wo ich ohne solchen Antrag die Staatsangehörigkeit eines andern Bundesstaats erwerben kann, nämlich durch Anstellung als Beamter. Davon wird noch die Rede sein. Für den Regelfall aber bedarf es des Antrags. Man hat also, obwohl sich hierfür Stimmen erhoben, die bloße Niederlassung nicht genügen lassen. An solche könnte man denken, wenn man geschäftsunkundigere Kreise: Arbeiter usw. im Auge hätte, denen es nicht nahe liegen mag, Behörden mit Anträgen anzugehen. Doch hat man auf das Vorliegen eines innerstaatlichen Antrags Wert gelegt. Der Antrag ist an keine Form gebunden, er kann auch mündlich bei der Amtsstelle angebracht werden, die in den einzelnen Bundesstaaten für solche Sachen zuständig ist. (In Preußen der Regierungspräsident, in Berlin der Polizeipräsident.) Der Antrag einer Ehefrau bedarf der Zustimmung des Ehemannes. Verweigert der Ehemann die Zustimmung, so kann sich die Frau zur Erwirkung der Zustimmung an die für sie zuständige Vormundschaftsbehörde wenden. Außer für Ehefrauen eine Ausnahmestellung auch für jugendliche Personen. Ebenso wie sonst das Recht solche nicht voll bewertet, ihren Handlungen nicht die Wirkungen beimißt wie denen Erwachsener, so auch hier. Es ist ausdrücklich bestimmt, daß für eine unter elterlicher Gewalt oder unter Vormundschaft stehende Person (unter 21 Jahren alte Personen, Geisteskranke), wenn sie das 16. Lebensjahr noch nicht vollendet hat, der Antrag vom gesetzlichen Vater zu stellen ist (Vater, verwitwete Mutter, Vormund). Hat die betreffende Person das 16. Lebensjahr vollendet, so bedarf ihr Antrag der Zustimmung des gesetzlichen Vertreters. Diese Zustimmung der über 16 Jahre alten Minderjährigen ist in Anlehnung an eine Bestimmung des Unterstützungswohnsitzes in das Gesetz gekommen, und zwar ist die Fassung ausdrücklich gewählt, wiewohl das Bürgerliche Gesetzbuch an sich schon eine Handhabe dazu geben könnte. Doch war es zweifelhaft, ob eine Bestimmung des bürgerlichen Rechts ohne weiteres auch auf Verhältnisse des sogenannten öffentlichen Rechts auszudehnen sei, deshalb die ausdrückliche Satzung.

Es sei nun aber beachtet, daß sich alle die letztgenannten Bestimmungen darauf beziehen, daß die Ehefrau oder die unter elterlicher Gewalt oder unter Vormundschaft stehende Person allein eine andere Staatsangehörigkeit erwerben wollen. Es kann das z. B. für die Ehefrau deshalb wünschenswert sein, weil das öffentliche Recht in den einzelnen Bundesstaaten verschieden ist und in dem einen Staate der Staatsangehörigkeit vielleicht mehr Wirkung beigemessen wird, als möglicherweise in dem andern. Deshalb kann der Wille aufkommen, auch ohne oder gegen den

Willen des Ehemanns eine Staatsangehörigkeit zu erwerben. Man hat das auch bei Beratung des Gesetzes regierungsseitig anerkannt, wiewohl im ersten Entwurfe eine derartige Fassung fehlte — dies, wie der Regierungsvertreter sagte, mit Rücksicht auf die geringe Zahl der Fälle und die etwaigen Zwistigkeiten zwischen den Ehegatten, die eine derartige Gesetzesbestimmung hervorrufen kann.

Wie dem auch sein mag, es sei noch einmal ausdrücklich betont, daß hier der Erwerb selbständiger Staatsangehörigkeit für Ehefrau, Minderjährige usw. behandelt wird. Liegt die Absicht auf solchen Erwerb nicht vor, so gilt folgendes (§ 16 Abs. 2): Die Aufnahme, ebenso die noch zu betrachtende Einbürgerung erstreckt sich, insofern nicht in der Urkunde ein Vorbehalt gemacht wird, zugleich auf die Ehefrau und die Kinder, deren gesetzliche Vertretung dem Aufgenommenen (oder Eingebürgerten) kraft elterlicher Gewalt zusteht. Ausgenommen sind nur Töchter, die verheiratet sind oder verheiratet gewesen sind.

Einer Aufnahme der Erstreckung der Staatsangehörigkeit über diese Familienglieder in die auszustellende Urkunde bedarf es nicht, eine solche Urkunde wird nämlich, das sei anschließend vermerkt, von der höheren Verwaltungsbehörde — d. s. in den Einzelstaaten verschiedene Behörden, so in Preußen die Regierungspräsidenten — dem um Aufnahme und Einbürgerung Einkommenden ausgefertigt. Wenn von der Ehefrau die Rede ist, so ist nur die noch nicht geschiedene gemeint. Die elterliche Gewalt des Vaters oder der Mutter umfaßt die minderjährigen, d. h. noch nicht 21 Jahre alten Kinder. Wenn die verheiratete oder verheiratet gewesene Tochter ausgenommen wird, so hat das seinen verständlichen Grund darin, daß ja nach den mehrerwähnten Grundsätzen eine Ehefrau die Staatsangehörigkeit ihres Mannes teilt. Sollte also deshalb, daß der Vater einer an einen Lipper verheirateten, über 21 Jahre alten Frau zu seiner preußischen Staatsangehörigkeit die bayrische dazu erworben hat, jene Bayerin werden, so wäre das, da sie Lipperin ist und bleibt, eine ganz unnötige Folge des Rechtsakts für den Vater. Nicht teilnehmen am Erwerb der Staatsangehörigkeit für volljährig erklärte Kinder (eine solche Volljährigkeitserklärung ist nach dem 18. Lebensjahr möglich), nicht teil ferner uneheliche Kinder, nicht teil endlich Kinder, die nach deutschem Rechte großjährig sind, nach dem Rechte aber, unter dem der Aufzunehmende bzw. Einbürgernde bisher lebte, noch minderjährig sind. Denn wenn auch in der Regel für die Erreichung der Volljährigkeit das 21. Lebensjahr maßgebend ist, so gibt es doch Ausnahmen — nach unten etwa die Türkei, wo der Mohammedaner schon mit 16 Jahren volljährig wird, nach oben Dänemark und Ungarn mit Altersgrenzen von 25 und 24 Jahren. Vorbehalte können nach der Gesetzesbestimmung gemacht sein. Liegen sie vor, so kann die Ehefrau allein ausgeschlossen sein, es können aber auch die Kinder allein ausgeschlossen sein. Es regelt also, damit wir noch einmal zusammenfassen, der behandelte Absatz 2 des § 16 den Fall, daß der Minderjährige gemeinsam mit dem Vater um die Aufnahme nachsucht. Es ist dann nicht einmal ein Antrag des Vaters, auch nicht die ausdrücklich erklärte Zustimmung des Vaters nötig. Nur wenn der Vater willens ist, für das Kind allein eine andere Staatsangehörigkeit zu erwerben, ist die Zustimmung des Minderjährigen, sofern er über 16 Jahre alt ist, nachzuweisen. Der vom Gesetze gemachte Unterschied ist leicht verständlich. Ist es doch für den Minderjährigen von wesentlicher Bedeutung, ob er allein oder mit seiner Familie gemeinsam eine andere Staatsangehörigkeit erwirbt.

Nach dem Gesagten besteht, das sei hervorgehoben, ein Recht eines Deutschen auf Aufnahme in einen andern Bundesstaat. Verwehrt kann solche nur werden unter zwei Voraussetzungen. Es sind das Fehlen eines Sich-Niederlassens oder einer der Gründe in §§ 3 bis 5 des Freizügigkeitsgesetzes. Man spricht von der Niederlassung, nicht dem Wohnsitze, weil dieser letztere Begriff in der ihm vom Gesetz und von der Rechtswissenschaft gewordenen Auslegung nicht ganz klar umgrenzt ist, und z. B. in den Steuergesetzen im andern Sinne gebraucht wird als in dem Reichstagswahlgesetze. Unter Niederlassung ist nach einer Entscheidung des preußischen Oberverwaltungsgerichts zu verstehen der Besitz einer eigenen Wohnung oder eigenen Unterkommens, mag es auch nur eine Schlafstelle sein, mit der ausgesprochenen Absicht, seinen Aufenthaltsort an diesem bestimmten Platze zu nehmen. Es ist also auf der einen Seite nicht nötig, daß sich der Niederlassende an dem betreffenden Orte einen Unterstützungswohnsitz erwarb, auf der andern Seite auch nicht etwa die Gründung eines Geschäfts, die Einrichtung eines Ladens, die Schaffung eines eigenen Haushalts nötig, ja es wird nicht einmal eine bestimmte längere Dauer der Niederlassung vorgeschrieben.

Vom Freizügigkeitsgesetz war weiterhin die Rede. Es erging kurz nach Gründung des Norddeutschen Bundes am 1. November 1867 und bestimmt folgendes:

Jeder Reichsangehörige (das Gesetz spricht der Zeitlage seiner Entstehung entsprechend vom Bunde, es muß aber dafür das Wort „Reich" eingesetzt werden) hat das Recht, sich innerhalb des Reichsgebietes

1. an jedem Orte aufzuhalten oder niederzulassen,

wo er eine eigene Wohnung oder Unterkommen sich zu verschaffen imstande ist;

2. an jedem Orte Grundeigentum aller Art zu erwerben;

3. umherziehend oder am Orte des Aufenthalts beziehungsweise der Niederlassung Gewerbe aller Art zu betreiben, unter den für Einheimische geltenden gesetzlichen Bestimmungen.

In der Ausübung dieser Befugnisse darf der Reichsangehörige, soweit nicht das Freizügigkeitsgesetz Ausnahmen zuläßt, weder durch die Obrigkeit seiner Heimat, noch durch die Obrigkeit des Ortes, in dem er sich aufhalten oder niederlassen will, gehindert oder durch lästige Bedingungen beschränkt werden. Keinem Reichsangehörigen darf um des Glaubensbekenntnisses willen oder wegen fehlender Landes- und Gemeindeangehörigkeit der Aufenthalt, die Niederlassung, der Gewerbebetrieb oder der Erwerb von Grundeigentum verweigert werden. In dem Bundesgesetze vom 3. Juli 1869 ist die Gleichberechtigung der Konfessionen ausdrücklich ausgesprochen worden.

Wer die aus der Reichsangehörigkeit folgenden Befugnisse des Freizügigkeitsgesetzes in Anspruch nimmt, hat auf Verlangen den Nachweis seiner Reichsangehörigkeit und, sofern er unter elterlicher Gewalt oder unter Vormundschaft steht, den Nachweis der Genehmigung des gesetzlichen Vertreters zu erbringen. Eine Ehefrau bedarf der Genehmigung ihres Mannes.

Insoweit bestrafte oder vorläufig entlassene Personen nach den Landesgesetzen Aufenthaltsbeschränkungen durch die Polizeibehörde unterworfen sein können, soll es dabei sein Bewenden haben.

Solchen Personen, die derartigen Aufenthaltsbeschränkungen in einem Einzelstaate unterliegen, oder die in einem Einzelstaate innerhalb der letzten zwölf Monate wegen wiederholten Bettelns oder wegen wiederholter Landstreicherei bestraft worden sind, kann der Aufenthalt in jedem andern Einzelstaate von der Landespolizeibehörde verweigert werden. Besondere Gesetze und Privilegien einzelner Ortschaften und Bezirke, die Aufenthaltsbeschränkungen gestatten, werden aufgehoben. Fortan ist eine Gemeinde nur dann zur Abweisung eines neu Anziehenden berechtigt, wenn sie nachweisen kann, daß er hinreichende Kräfte besitzt, um sich und seinen nicht arbeitsfähigen Angehörigen den notdürftigen Lebensunterhalt zu verschaffen, und wenn er solchen weder aus eigenem Vermögen bestreiten kann, noch von einem dazu Verpflichteten erhält. Den Landesgesetzen bleibt vorbehalten, auch diese Befugnis der Gemeinden noch zu beschränken.

Die Besorgnis vor künftiger Verarmung berechtigt den Gemeindevorstand nicht zur Zurückweisung. Offenbart sich aber nach dem Anzuge die Notwendigkeit einer öffentlichen Unterstützung, bevor der neu Anziehende an dem Aufenthaltsorte einen Unterstützungswohnsitz (Heimatsrecht) erworben hat, und weist die Gemeinde nach, daß die Unterstützung aus anderen Gründen als wegen einer nur vorübergehenden Arbeitsunfähigkeit notwendig geworden ist, so kann die Fortsetzung des Aufenthalts versagt werden.

Sind in diesen Fällen verschiedene Einzelstaaten beteiligt, so regelt sich das Verfahren nach dem sogenannten Gothaer Vertrag aus dem Jahre 1851 und seinen Zusätzen, besteht dagegen Strittigkeit nur zwischen verschiedenen Gemeinden desselben Einzelstaates, so erfolgt die Entscheidung nach den Gesetzen dieses Staates. Die tatsächliche Ausweisung aus einem Orte darf niemals erfolgen, bevor nicht entweder die Annahmeerklärung der in Anspruch genommenen Gemeinde, oder eine wenigstens einstweilen vollstreckbare Entscheidung über die Fürsorgepflicht ergangen ist.

Eine Gemeinde ist nicht befugt, von neu anziehenden Personen eine Abgabe für den Anzug zu erheben. Sie kann aber jeden neu Anziehenden zu Gemeindelasten heranziehen, sofern nur der Aufenthalt der neu Anziehenden die Dauer von drei Monaten übersteigt. Ist das nicht der Fall, dann auch keine Gemeindesteuerpflicht. Auf der anderen Seite werden durch den bloßen Aufenthalt oder die bloße Niederlassung andere Rechtsverhältnisse, namentlich die Gemeindeangehörigkeit, das Ortsbürgerrecht, die Teilnahme an den Gemeindenutzungen und die Armenpflege nicht begründet. Jede polizeiliche Ausweisung von Reichsangehörigen aus dem Orte ihres dauernden oder vorübergehenden Aufenthalts ist in anderen Fällen als denen, die das Freizügigkeitsgesetz gestattet, unzulässig.

Soviel von diesem Gesetze. Es erhellt aus seinen Bestimmungen, was bei Aufnahme eines Angehörigen des einen Bundesstaats in einem andern Bundesstaate an Voraussetzungen zu erfüllen ist. Beseitigt ist ein für allemal die Forderung des Erwerbs des Gemeindebürgerrechts, beseitigt ferner die Forderung nach Aufgabe der Staatsangehörigkeit in einem andern, dem bisherigen Bundesstaate. Es dürfen auch die Militärverhältnisse keinen Grund zur Verweigerung der Aufnahme abgeben, es darf endlich die Ableistung des sogenannten Untertaneneides nicht verlangt werden. Jederzeit kann der aufnehmende

Staat die Aufnahme erleichtern, insbesondere kann er auch einen solchen Deutschen aufnehmen, der einer Aufenthaltsbeschränkung unterliegt oder seine Niederlassung noch nicht bewirkt hat. Niemals aber darf der aufzunehmende Staat die Aufnahmebedingungen erschweren. Gegen die Ablehnung des Antrags auf Aufnahme ist das Rechtsmittel des Rekurses angängig. Da das Gesetz einen Rechtsanspruch in einzelnen Fällen geschaffen hat, muß für den Betreffenden auch eine Garantie für die Durchführung des Anspruchs gegeben sein. Erst der Reichstag hat den betreffenden Gesetzesparagraph — es ist § 40 des Gesetzes — eingeführt. Vom Regierungstisch aus kam dabei der Einwand, daß dem Verwaltungsrichter die Nachprüfung reiner Ermessungsfragen übertragen werde, das sei bedenklich. Der Reichstag nahm bei dieser Gelegenheit auch eine sog. Resolution an, durch die der Reichskanzler ersucht wird, ein Reichsverwaltungsgericht zu schaffen. Bis ein solches besteht, sind die landesgesetzlichen Behörden zuständig. Besitzt der Bundesstaat kein Verwaltungsgericht, so greifen bestimmte Vorschriften der Reichsgewerbeordnung Platz, auf die nicht näher eingegangen werden kann. Es sei nur für Preußen hervorgehoben, daß nach dem sog. Zuständigkeitsgesetz vom 1. August 1883 die hier der Verwaltungsbehörde beigelegten Befugnisse der Regierungspräsident (in Berlin der Polizeipräsident) auszuüben hat. Gegen den Bescheid des Regierungspräsidenten, durch den Angehörigen eines andern deutschen Bundesstaates (oder einem früheren Reichsangehörigen) die Erteilung der Aufnahmeurkunde versagt worden ist, findet innerhalb von zwei Wochen die Klage vor dem Oberverwaltungsgericht statt. Der Verwaltungsrichter ist in Preußen in der Beurteilung des Sach- und Rechtsverhältnisses völlig frei.

Was die Kosten des Aufnahmeverfahrens anlangt, so sind die Aufnahmeurkunden nach § 38 des Gesetzes kostenfrei zu erteilen, nicht einmal Stempelkosten dürfen entstehen.

Soviel von der Aufnahme. Ihr steht gegenüber, wie schon gesagt: Die Einbürgerung, d. i. der Erwerb der Reichsangehörigkeit (Staatsangehörigkeit) durch einen, der sie bisher nicht gehabt hat, durch einen Ausländer. Dabei ist bei den Kommissionsberatungen ausdrücklich hervorgehoben worden, daß dieser Ausdruck „Ausländer" auch die sog. Staatenlosen umfaßt. In diesem Sinne ist auch die Bezeichnung im Bürgerlichen Gesetzbuch und in dessen Einführungsgesetz gebraucht. Wenn man demgegenüber hervorgehoben hat, daß die Bezeichnung „Ausländer" in der Gesetzessprache mancher deutschen Bundesstaaten auch die Angehörigen der andern deutschen Bundesstaaten umfasse, so ist dem mit Recht entgegengehalten worden, daß sich die Sprache der Reichgesetzgebung nicht nach der Sprache einzelner Landesgesetze richten kann und darf.

Es kann nun ein Ausländer, der sich im Inlande niedergelassen hat, von dem Bundesstaat, in dessen Gebiet die Niederlassung erfolgt ist, auf seinen Antrag eingebürgert werden, wenn er nach den Gesetzen seines bisherigen Heimatsstaates unbeschränkt geschäftsfähig ist, oder nach den deutschen Gesetzen unbeschränkt geschäftsfähig sein würde, oder der Antrag von seinem gesetzlichen Vertreter oder mit dessen Zustimmung gestellt wird, wenn er ferner einen unbescholtenen Lebenswandel geführt hat, wenn er am Orte seiner Niederlassung eine eigene Wohnung oder ein Unterkommen gefunden hat und an diesem Orte sich und seine Angehörigen zu ernähren imstande ist.

Vor der Einbürgerung (das Wort ist gewählt im Gegensatz zu dem von alten Gesetzen gebrauchten Fremdworte Naturalisation) ist über die Erfordernisse des unbescholtenen

3*

Lebenswandels, des Findens von Wohnung und Unterkommen und über die Fähigkeit der Unterhaltung, die Gemeinde des Niederlassungsortes und, sofern sie keinen selbständigen Armenverband bildet, auch der Armenverband zu hören.

Die Bedingungen für die Einbürgerung sollen die internationalen Interessen, die Interessen der Gemeinde und die der einzelnen Bundesstaaten sichern. Die internationalen Interessen insofern, als zur Vermeidung internationaler Verwickelungen Personen, die nicht geschäftsfähig sind, nur auf Antrag oder mit Zustimmung ihrer gesetzlichen Vertreter eingebürgert werden können. Die Interessen der Gemeinden des Niederlassungsortes werden dadurch gewahrt, daß die Einbürgerung sittlich bedenklicher Personen oder solcher, die für den Lebensunterhalt nicht das Nötigste besitzen, versagt werden kann. Es sei aber ausdrücklich hervorgehoben, daß irgendein Mindestvermögen nicht Voraussetzung der Einbürgerung ist, ebenso nicht eine bestimmte Zeitdauer der Niederlassung, eine bestimmte Konfession oder Religion oder dergleichen mehr. Die Aufgabe der bisherigen Staatsangehörigkeit wird nicht mehr verlangt mit einer Ausnahme, nämlich gegenüber Persern, Türken und Marokkanern. Insoweit bestehen Sonderverträge.

Die Einbürgerung in einem Bundesstaate darf erst erfolgen, wenn durch den Reichskanzler festgestellt worden ist, daß keiner der übrigen Bundesstaaten Bedenken dagegen erhebt. Erhebt ein Bundesstaat Bedenken, so entscheidet der Bundesrat. Die Bedenken können nur auf Tatsachen gestützt werden, die die Besorgnis rechtfertigen, daß die Einbürgerung des Antragstellers das Wohl des Reichs oder eines einzelnen Bundesstaats gefährden kann. Es finden aber diese beschränkenden Vorschriften keine Anwendung 1. auf ehemalige Angehörige des Bundesstaats, bei dem der Antrag gestellt wird, auf deren Kinder oder Enkel sowie Personen, die von einem Angehörigen dieses Bundesstaates in der gesetzlich geordneten Weise an Kindesstatt angenommen worden sind — es sei denn, daß der Antragsteller einem ausländischen Staate angehört (es braucht das nicht der Fall zu sein, der Antragsteller kann staatenlos sein); 2. auf Ausländer, die innerhalb des Deutschen Reiches geboren sind, wenn sie sich in dem Bundesstaate, in dem der Antrag gestellt wird, bis zur Vollendung des 21. Lebensjahres dauernd aufgehalten haben und die Einbürgerung innerhalb zweier Jahre nach diesem Zeitpunkt beantragen.

Die Bestimmung über die Bedenken des einzelnen Bundesstaats ist sehr wesentlich. Nach dem 1870er Gesetze war es nämlich möglich, daß ein Ausländer, dem die Einbürgerung in einem bestimmten Bundesstaat abgelehnt worden war, sich in einem andern Bundesstaate einbürgern ließ, dann aber in den erstgenannten, also ablehnenden Bundesstaat übersiedelte und nun seine Aufnahme, die ihm nicht mehr verwehrt werden konnte, erwirkte. Solcher Unzuträglichkeit steuert also das jetzige Gesetz. Die Bedenken sind, wie wir sahen, beschränkt. Beispielsweise kam bei der Gesetzesberatung zur Sprache, daß die Angehörigkeit zu einem im einzelnen Bundesstaate anerkannten Religionsbekenntnis die Bedenken nicht rechtfertige. Dagegen stehe nichts entgegen, die Zugehörigkeit zu einem nicht anerkannten Bekenntnas z. B. der Sekte der Mormonen mit ihrer Vielweiberei oder dergleichen Eigentümlichkeiten für staatsgefährlich anzusehen. Von einer Beteiligung der übrigen Bundesstaaten ist nach dem Obenangegebenen abzusehen, wenn zwischen dem Antragsteller und dem einbürgernden Bundesstaat gewisse Beziehungen bereits bestehen, d. h. wenn der Antragsteller oder seine nächsten Vorfahren diesem

Staate bereits früher angehört haben, er auch zu keinem ausländischen Staate in einem Angehörigkeitsverhältnis steht und ferner bei gewissen, im Deutschen Reich geborenen Ausländern. In diesen Fällen ist anzunehmen, daß die betr. Person dem einbürgernden Staate hinlänglich bekannt ist, so daß sich eine Befragung der anderen Bundesstaaten unnötig macht.

Ein anderer Fall der Einbürgerung ist folgender: Es muß eingebürgert werden die Witwe oder geschiedene Frau eines Ausländers, die zur Zeit ihrer Eheschließung eine Deutsche war, und zwar auf Antrag von dem Bundesstaat, in dessen Gebiet sie sich niedergelassen hat, wenn sie einen unbescholtenen Lebenswandel geführt und am Orte der Niederlassung eine eigene Wohnung oder ein Unterkommen gefunden hat. Es ist also in diesem Falle von dem Erfordernis des sich (und Angehörige) Ernährenkönnens abgesehen worden, im übrigen beruht die Bestimmung auf der Erwägung, daß fast alle Staaten ihren ehemaligen, mit einem Ausländer verheirateten und dadurch ihrer eigenen Staatsangehörigkeit verlustig gehenden weiblichen Angehörigen die Möglichkeit geben, nach Auflösung der Ehe unter erleichterten Formen und Bedingungen ihre ursprüngliche Staatsangehörigkeit wieder zu erwerben. Das soll nun auch im Deutschen Reiche Rechtens sein. Der Entwurf des Gesetzes wollte die Einbürgerung nur in dem Bundesstaat zulassen, dem die Witwe bzw. geschiedene Ehefrau früher angehört hatte. Das ist abgelehnt worden. Es kommt vielmehr der Bundesstaat in Betracht, in dem die tatsächliche Niederlassung erfolgt ist. Er steht der früheren Deutschen voraussichtlich am nächsten.

Ein fernerer Fall der Einbürgerung: Es muß ein ehemaliger Deutscher, der während seiner Minderjährigkeit die Reichsangehörigkeit durch Entlassung verloren hat, auf seinen Antrag von dem Bundesstaat, in dessen Gebiet er sich niedergelassen hat, eingebürgert werden, wenn er den Erfordernissen entspricht, von denen oben bei Witwe und geschiedener Ehefrau die Rede war, wenn er überdies geschäftsfähig ist und sich und die Seinen unterhalten kann, und wenn er den Antrag innerhalb von zwei Jahren nach Erlangung des Volljährigkeitsalters stellt. Anders als bei der Witwe und der geschiedenen Ehefrau ist hier vor der Einbürgerung die Gemeindebehörde des Niederlassungsortes, und wenn diese keinen selbständigen Armenverband bildet, auch der Armenverband zu hören.

Bemerkt sei, daß es darauf, auf welche Weise der Minderjährige während seiner Minderjährigkeit die Reichsangehörigkeit verloren hat, nicht ankommt.

Endlich ist die Einbürgerung noch folgenden zu gewähren: Einem Ausländer, der mindestens ein Jahr wie ein Deutscher im Heere oder in der Marine aktiv gedient hat, wenn er den Antrag stellt, sich in einem Bundesstaate niedergelassen hat, die weiteren Voraussetzungen erfüllt, von denen oben beim Minderjährigen die Rede war und seine Einbürgerung nicht das Wohl des Reiches oder eines Bundesstaates gefährden würde, auch hier vor der Einbürgerung ein Hören der Gemeindebehörde bzw. des Armenverbands, ferner eine Auslassung der Bundesstaaten über etwaige Bedenken. Erwähnt sei, daß man das Erfordernis eines völlig einwandfreien Abdienens (der Militärzeit) hat fallen lassen. Zwar soll nicht an der Unbescholtenheit des Lebenswandels gerüttelt werden, doch soll auch nicht jede kleine militärische Disziplinarstrafe den Anspruch auf die Einbürgerung, den die obenangegebene Gesetzesbestimmung aufstellt, beseitigen. Erwähnt sei ferner, daß für die vorliegende Gesetzesbestimmung vornehmlich sog. Staatenlose in Betracht kommen, die sich im Reichsgebiete oder in einem Schutzgebiete dauernd aufhalten und nach dem Reichsmilitärgesetz zur Erfüllung der Wehrpflicht herangezogen werden können.

Endlich kann der ehemalige Deutsche auch ohne der Erfordernis der Niederlassung im Lande auf Antrag von dem Bundesstaate, dem er früher angehört hat, eingebürgert werden, wenn er geschäftsfähig und unbescholtenen Lebenswandels ist. Es soll also die Wiedereinbürgerung gewissermaßen verlorengegangener Glieder unseres Volkes möglichst erleichtert werden. Nur steht hier das Wörtchen „kann", nicht das Wörtchen „muß", von dem noch in der letztgenannten Gesetzesbestimmung zu lesen war. Wie in der Kommission gesagt wurde, pflegen im Gegensatz zu den Angehörigen anderer Staaten Deutsche, die sich im Auslande eine Existenz gegründet haben, nicht mehr dauernd in ihre Heimat zurückzukehren, so Vertreter des Handelsstandes, die Mitglieder deutscher Gemeinden in Palästina, Missionare, überhaupt Personen, die im Auslande an der Pflege des Deutschtums besonderen Anteil nehmen, im deutschen Vereinsleben, namentlich zur Erhaltung deutscher Schulen und Kirchen, wertvolle Dienste leisten. Hier soll die Satzung über die Wiedereinbürgerung segensreich eingreifen. Vor ihr ist der Reichskanzler zu benachrichtigen. Erhebt er gegen die Wiedereinbürgerung Bedenken, dann unterbleibt sie. Mit solcher Mitteilung an den Reichskanzler wird zwar an der Souveränität der Einzelstaaten gerüttelt, andrerseits ist sie notwendig, weil die Einbürgerung von Personen, die unter Umständen bereits eine fremde Staatsangehörigkeit besitzen, Folgen haben kann, die zu politischen Konflikten mit fremden Staaten Anlaß geben kann. Sonach muß die Stelle zu Gehör kommen, die über die auswärtige Politik zu entscheiden hat. Natürlich kommen auch solche in Frage, die keine andere Staatsangehörigkeit erworben haben, sondern sogenannte Staatlose sind. Dem ehemaligen Deutschen steht für die vorliegende Satzung gleich der, der von einem Deutschen abstammt oder von einem solchen an Kindesstatt angenommen worden ist, dies in der vom bürgerlichen Rechte vorgeschriebenen Weise. Der Anlaß, aus dem der Wiedereinzubürgernde oder sein Vorfahre die Reichsangehörigkeit verloren haben, soll nach dem Gesetze nicht von ausschlaggebender Bedeutung sein. Andrerseits soll die Gesetzesbestimmung nicht dazu dienen, die Gründe, aus denen die deutsche Staatsangehörigkeit verloren gegangen ist, gewissermaßen rückwirkend wieder aufzuheben. Wer z. B. wegen Nichterfüllung der Wehrpflicht die Reichsangehörigkeit verliert, oder ohne zwingenden Anlaß eine fremde Staatsangehörigkeit erwirkt, wird nicht auf eine Wiedereinbürgerung rechnen können.

Bei der Beratung des Gesetzes wurde noch gewünscht, für Personen, wie sie hier in Betracht kommen, die Wiederverleihung nicht an die Angehörigkeit zu einem bestimmten Bundesstaate zu knüpfen, sondern die sog. unmittelbare Reichsangehörigkeit zu verleihen. Dies, weil die betreffenden Personen zumeist nur die Erlangung des Schutzes des Reiches erstrebten, ohne daß sie für einen bestimmten Einzelstaat besonderes Interesse hätten, es überdies auch hier und da zweifelhaft wäre, welchem Bundesstaate sie oder ihre Vorfahren früher angehört hätten. Man ging indes auf die Anregung nicht ein und wählte eine Gesetzesfassung wie vorliegend.

Wesentlich für die Erlangung der Staatsangehörigkeit ist nun endlich noch eine Bestimmung, nämlich die über solche durch Anstellung als Beamter (Offizier). Auf sie ist noch etwas näher einzugehen. Es besagt § 14: Die von der Regierung oder der Zentral- oder höheren Verwaltungsbehörde eines Bundesstaats vollzogene oder bestätigte Anstellung im unmittelbaren oder mittelbaren Staatsdienste, im Dienste einer Gemeinde oder eines Gemeindeverbands, im öffentlichen Schuldienste oder im Dienste einer von dem einzelnen Bundesstaate anerkannten Religionsgesellschaft gilt für einen Deutschen als Aufnahme, für einen Nichtdeutschen als Einbürgerung, sofern nicht in der Anstellungs- oder Bestätigungsurkunde ein Vorbehalt gemacht wird. Diese Vorschrift findet keine Anwendung auf die Anstellung als Offizier oder Beamter des Beurlaubtenstandes. Um das letztere gleich vorwegzunehmen, so steht diese Bestimmung im Gegensatze zum früheren Rechte. Wenigstens war diese Frage zweifelhaft und das Reichsgericht hatte sich in einer Entscheidung (Entscheidungen des Reichsgerichts in Strafsachen, Bd. 23, S. 17) auf den Standpunkt gestellt, daß durch die Eigenschaft als Reserveoffizier die Staatsangehörigkeit begründet werde. Der Sachse, der im preußischen Regiment Leutnant der Reserve wurde, wurde damit Preuße, daneben natürlich Sachse bleibend. Für die diesem Standpunkt entgegengesetzte, jetzige Gestaltung des Gesetzes ist maßgeblich, daß die Anstellung als Offizier des Beurlaubtenstandes nicht ohne weiteres geeignet ist, ein dauerndes Verhältnis wie das der Staatsangehörigkeit zu begründen. Auch hat ja die sich aus der Anstellung ergebende doppelte Staatsangehörigkeit mancherlei Unzuträglichkeiten, so auf steuerlichem Gebiete u. dgl. Sie ist deshalb möglichst zu vermeiden. Unter den Ausdruck „Offizier" fallen auch Sanitäts- und Veterinäroffiziere. Um nun aber auf die Gesetzesbestimmung als Ganzes zu kommen, so verleiht die Anstellung im unmittelbaren oder mittelbaren Staats-, Gemeinde- u. dgl. Dienst die Staatsangehörigkeit. Solche steht gewissermaßen der Gewährung einer Aufnahme- oder Einbürgerungsurkunde gleich. Ob die Anstellung eine dauernde oder nichtdauernde ist, ist gleichgültig. Auch steht das — etwa zu jugendliche — Alter der Anzustellenden nicht in Frage. Es kann einer unter 21 Jahre alt, also noch nicht großjährig sein, er wird — man denke an die jugendlichen Leutnants des Feldheeres — durch seine Anstellung staatsangehörig im Sinne des Gesetzes. Da ist z. B. der Sohn eines in Weimar lebenden, also großherzoglich-sächsischen Staatsangehörigen mit $16^1/_2$ Jahren Leutnant in einem ostpreußischen Regimente, er ist vom Vater her Sachsen-Weimaraner, durch seine Anstellung Preuße. Ebenso wie auf das Alter kommt es auf das Geschlecht nicht an. Wird eine Ehefrau als Beamtin angestellt, so erwirbt sie unter Umständen auf diese Weise eine Staatsangehörigkeit, die ihr Mann selbst nicht besitzt. Damit wird die Regel, daß für eheliche Verhältnisse verschiedene Staatsangehörigkeit nicht bestehen soll, vom Gesetz leider selbst durchbrochen. Auf das oben mehrfach erwähnte Erfordernis der Führung eines unbescholtenen Lebenswandels ist schon um deswillen hier nicht zuzukommen, weil solcher die Voraussetzung zur Anstellung als Beamter ohnehin sein wird. Was „Vollziehung" oder „Bestätigung" der Anstellung im Sinne der Gesetzesbestimmung ist, richtet sich nach dem Beamtenrecht des bebetreffenden Bundesstaats, der Gemeinde, die anstellt u. dgl. Handelt es sich um gemeinschaftliche Angehörige mehrerer Bundesstaaten, so wird die Angehörigkeit in mehreren Staaten erworben. Da überdies der Anzustellende durch die Anstellung seine bisherige Staatsangehörigkeit nicht verliert, so kann es, wie noch besonders hervorgehoben sein mag, auch hier zur mehrfachen Staatsangehörigkeit kommen. Auch über die Worte, „die von der Regierung oder der Zentral- oder höheren Verwaltungsbehörde eines Bundesstaats ..." bestimmt das Beamtenrecht des einzelnen Bundesstaats das Nähere. Zentralbehörden sind die Ministerien. Das

Fürstentum Reuß ä. L. (Greiz) hat kein solches, hier ist Zentralbehörde die Landesregierung. Nach einer Bestimmung im Gesetze haben die Zentralbehörden darüber zu befinden, welche Behörden als höhere Verwaltungsbehörden anzusehen sind. Darüber aber kann gar kein Zweifel sein, daß, wenn im Einzelfalle eine Vollziehung oder Bestätigung der Anstellung seitens der Regierung bzw. der Zentral- oder höheren Verwaltungsbehörde nicht nötig ist, in solchem Falle keine Verleihung der Staatsangehörigkeit erfolgt. Das gilt z. B. für die Ernennung zum Gemeindevorsteher in Preußen, Sachsen usw. Wenn trotzdem vom Dienste bei einer Gemeinde gesprochen wird, so ist an Stellungen wie die eines Bürgermeisters, eines Stadtbaurats zu denken. Beim Schuldienst wird Öffentlichkeit verlangt, es genügt also nicht die Anstellung an einer Privatschule. Im Entwurf des Gesetzes war vom Kirchendienst die Rede. Jetzt heißt es: „Dienst einer vom Bundesstaat anerkannten Religionsgesellschaft". Es soll also nicht etwa nur der Dienst im Sinne der christlichen Kirche gemeint sein, nein auch der für das Judentum. Was „eine vom Bundesstaat anerkannte Religionsgesellschaft" ist, darüber befindet das Recht des einzelnen Staates. Das Gesetz gebraucht hier einen Begriff, der sich auch sonst im Rechte, so im Strafrechte findet. Daß auch die Anstellung als Offizier heranzuziehen ist, ist zwar nicht mit klaren Worten ausgesprochen, geht aber aus der schon erwähnten Ausnahmebestimmung für Offiziere des Beurlaubtenstandes hervor. Es kommt für den einzelnen Bundesstaat im übrigen nur der Offizierdienst im Landheer in Betracht, der Dienst in der Marine und bei den Schutztruppen ist Reichsdienst, wird in solchem ein Deutscher angestellt, so ändert sich an der Zugehörigkeit zum einzelnen Bundesstaate nichts, mag er auch in dem Staate, dem er angehört, nicht mehr wohnhaft sein. (Für die Anstellung eines Ausländers ist eine noch zu betrachtende Gesetzesbestimmung heranzuziehen.) Niemals aber begründet die Ableistung der gesetzlichen Dienstpflicht in einem Kontingent des Landheeres den Erwerb der Staatsangehörigkeit, niemals auch die Anstellung als Unteroffizier. Vom Vorbehalt in der Anstellungs- oder Bestätigungsurkunde war die Rede. Es ging bei Beratung des Gesetzes die Stimmung dahin, den betreffenden Zusatz zu streichen, doch ist er im Gesetze geblieben. Man ging von der Erwägung aus, daß Ausländer, so Offiziere, mögen sie auch gern in deutsche Dienste treten, doch nicht gleich gern ihre Staatsangehörigkeit aufgeben. Sie sollen sie also durch den Vorbehalt behalten können. Im übrigen ist ausdrücklich hervorzuheben, daß der Vorbehalt in der Anstellungs- oder Bestätigungsurkunde enthalten sein muß, ein nachträglicher Vorbehalt kommt nicht zur Geltung. Ein solcher kann sich auch nur auf einzelne Familienmitglieder beziehen, denn auch für die vorliegende Gesetzesbestimmung ist in Erwägung zu ziehen, daß sie sich nach dem mehrfach erwähnten Grundsatz des Gesetzes auf Ehefrau und Kinder (unter gesetzlicher Vertretung usw.) mit erstreckt. Wie steht es nun mit dem Ausländer? Kann auch ein solcher durch Anstellung im Dienste die Staatsangehörigkeit erwerben? In der Tat ist es der Fall. Es heißt im Gesetze: Die im Reichsdienst erfolgte Anstellung eines Ausländers, der seinen dienstlichen Wohnsitz in einem Bundesstaate hat, gilt als Einbürgerung in diesen Bundesstaat — dies wiederum, sofern in der Anstellungsurkunde kein Vorbehalt gemacht wird. Es kann nun aber sehr wohl der Fall sein, daß der Angestellte seinen dienstlichen Wohnsitz im Auslande hat, wie steht es dann? Dann ist es wesentlich, ob er ein Diensteinkommen aus der Reichskasse bezieht oder nicht. Ist es der Fall, dann ist er von dem Bundesstaate, bei dem er den Antrag stellt, einzubürgern. Ist es nicht der Fall, dann kann er nur mit Zustimmung des Reichskanzlers eingebürgert werden. Der Begriff „Reichsdienst" ist nach dem Staatsrecht auszulegen. Nicht ohne weiteres dahin, daß die Begriffe „Im Reichsdienste stehen" und „Kaiserlicher Beamter sein" sich etwa decken. Nicht jeder kaiserliche Beamte steht im Reichsdienste, nicht jeder im Reichsdienste Stehende aber darf sich kaiserlicher Beamter nennen. So sind nicht etwa des Kaisers Hofbeamte Reichsbeamte, weiter aber ist nicht jeder Reichspostbeamter ein kaiserlicher. Wir erinnern uns dessen, was oben darüber gesagt war, daß ein Postdirektor Landesbeamter, also nicht kaiserlich sei. Trotzdem steht er im Reichsdienste. Letzteres gilt auch für den Postunterbeamten, und der Deutschböhme, der als Postschaffner angestellt wird, seinen Wohnsitz aber im Grenzorte Bodenbach an der Elbe behält, hat nach dem Ebengesagten einen Anspruch auf die Einbürgerung.

Als im Reichsdienste Stehende, die im Auslande ihren Wohnsitz behalten, kommen vor allem auch die sog. Wahlkonsuln (Konsuln aus dem Kaufmannsstande des Auslands) in Betracht. Ehefrauen und Kinder folgen auch hier der Staatsangehörigkeit des Mannes und Vaters. Zu erwähnen wäre noch, daß wenn der in dem einzelnen Bundesstaate eingebürgerte Reichsbeamte seinen dienstlichen Wohnsitz nach einem andern Bundesstaate verlegt, das keinen Wechsel in der Staatsangehörigkeit von Gesetzes wegen nach sich zieht. Will er letztere auch im Staate des neuen Wohnsitzes erwerben, dann bleibt ihm nur der Weg, darum einzukommen, wie das an einer früheren Stelle schon gesagt war.

Damit sei die Abhandlung geschlossen. Es sei also nicht des näheren noch auf den Verlust der Staatsangehörigkeit eingegangen. Nicht als sei er etwas Schimpfliches, von dem man nicht sprechen dürfe. Das nicht. Wir wollen aber als grundsätzlichen Wunsch den aufstellen, daß der, der Deutscher ist, es auch bleiben möge. Gerade nach dem Weltkriege wird es nötig sein, daß sich möglichst viele zu ihrem Deutschtum bekennen, und zwar ständig bekennen. Deshalb nichts vom Verlust der Staatsangehörigkeit, oder, um nicht ganz unvollständig zu erscheinen, nur wenige Worte. Die Staatsangehörigkeit kann verloren gehen durch Entlassung, Erwerb einer ausländischen Staatsangehörigkeit, Nichterfüllung der Wehrpflicht, Ausspruch der Behörde, Legitimation (bei einem unehelichen Kinde), Eheschließung (bei einer Deutschen). Es fehlt bei solcher Aufzählung ein Grund, den das frühere Recht kannte, dessen Wegfall nun aber nur freudig begrüßt werden kann: Der Verlustgrund des zehnjährigen Aufenthalts im Auslande. Es war das eine in der Öffentlichkeit stark angefochtene Entziehung deutscher Staatsangehörigkeit. Wie die Gesetzesbegründung sagt, konnte die Annahme, daß das Band der Nationalität zwischen dem Vaterlande und einem Deutschen, der sich zehn Jahre hindurch im Auslande aufgehalten hat, tatsächlich gelöst sei, nicht mehr als zutreffend gelten, da seit dem Bestehen des Reichs das deutsche Nationalgefühl beständig gewachsen, da die Ausbreitung des deutschen Außenhandels, der deutschen Schiffahrt, sowie aller Verkehrsmittel, die Ausgewanderten in engerer Verbindung zur Heimat hält als früher, da der kräftige Schutz, den das Reich seinen im Auslande lebenden Angehörigen vor dem Kriege gewährte und, will's Gott, nach dem Kriege erneut gewähren soll, die Zugehörigkeit zum Vaterlande als wertvolles Gut erscheinen läßt. Das vom früheren Gesetze den Auswanderern zur Abwendung des Verlustes der

Staatsangehörigkeit an die Hand gegebene Mittel der Eintragung in die Konsulatsmatrikel hat gänzlich versagt, da von diesem Mittel teils aus Unkenntnis, teils aus Saumseligkeit, teils wohl auch — so kann man hinzusetzen — aus der Unmöglichkeit, sich mit einem Konsul in Verbindung zu setzen, ein verhältnismäßig ganz geringer Gebrauch gemacht wird. So hat die Nichterfüllung einer bloßen Formalität den Verlust wertvoller Elemente zur Folge gehabt, darunter auch solcher Personen, die im deutschen Heere gedient, ja sogar am Feldzuge zur Begründung des Reiches teilgenommen haben. Das neue Gesetz erschwert also, abgesehen von dem Falle, daß ein Verhalten, das mit dem staatsrechtlichen Verhältnis zu dem Vaterlande nicht zu vereinen ist, so der Erwerb einer ausländischen Staatsangehörigkeit, die Nichterfüllung der Wehrpflicht den Verlust herbeiführt, solchen Verlust. Es erleichtert aber auch, wie schon berührt wurde, ihren Wiedererwerb, insbesondere für deutsche Frauen, die durch Verheiratung mit Ausländern Ausländerinnen geworden waren. Geschlossen sei mit den Worten, die Staatsminister Delbrück bei Schaffung des Gesetzes sagte. Er erklärte: Das Deutsche Reich hat jetzt anders als 1880 ein Interesse daran, die an sich zu fesseln, die über das Meer hinausgegangen sind. Schon die Gründe zur Auswanderung sind andere geworden. Wer heute geht, geht nicht, um sich wirtschaftlich und politisch von seinem Vaterlande zu trennen, sondern ein großer Teil von denen, die hinausgehen, tun dies, um wirtschaftlich und politisch im Dienste des Vaterlandes zu arbeiten. Sie sollen und werden dem Reiche nicht verloren gehen.

FSC
www.fsc.org
MIX
Papier | Fördert
gute Waldnutzung
FSC® C083411

Kolibri 360 GmbH
Ferdinand-Jühlke-Straße 7
99095 Erfurt, Deutschland
produktsicherheit@kolibri360.de